AF456514

UN VOYAGE D'ÉTUDES EN AFRIQUE OCCIDENTALE FRANÇAISE

EFFECTUÉ GRACE AU CONCOURS

de M. le Gouverneur Général de l'Afrique Occidentale Française, de MM. les Gouverneurs du Soudan, de la Guinée, de la Côte d'Ivoire et de la Haute-Volta, de la Compagnie des Chargeurs Réunis, de la Compagnie de Culture Cotonnière du Niger, de la Société de Bamako,

PAR

MM. KEMPF et IWAN IMBERT, délégués du Syndicat Général de la Filature,
M. SEGARD, délégué du Comité Central de la Laine,
MM. A. GOUIN et VIGNAT, désignés par l'Union des Fabricants d'Huile de France,
M. PIETTRE, Docteur ès sciences, chargé de mission au Brésil et en Argentine,
M. SCHERESCHEWSKY, Ingénieur au Corps des Mines, chargé de mission par la Présidence du Conseil.

H. FLOURY & Cie, ÉDITEURS
2, RUE SAINT-SULPICE. — PARIS

PRIX : 5 Fr.

A Monsieur CARDE

Gouverneur Général de l'Afrique Occidentale Française

Hommage respectueux des Auteurs de ce Rapport

MM.

Adolphe GOUIN, Ingénieur des Arts et Manufactures, ancien Vice-Président de la Chambre de Commerce de Marseille, Industriel à Marseille.

Iwan IMBERT, Membre-Trésorier de la Chambre de Commerce d'Épinal, filateur et tisseur à Ramonchamp (Vosges).

Maurice KEMPF, Ancien Député, Conseiller du Commerce Extérieur, Industriel à Saulcy-sur-Meurthe (Vosges).

Maurice PIETTRE, Docteur ès sciences, chargé de mission en Argentine et au Brésil.

Philippe SCHERESCHEWSKY, Ingénieur au Corps des Mines, chargé de mission par la Présidence du Conseil.

Jules SEGARD, Président de l'Union des Négociants en laine, de Roubaix-Tourcoing.

Maurice VIGNAT, Industriel à Marseille, Secrétaire général des Établissements Verminck.

Défrichement.

Transport de coton sur le canal principal de Diré.

UN VOYAGE D'ÉTUDES

EN

AFRIQUE OCCIDENTALE FRANÇAISE

Au mois de Décembre 1925, une mission composée de :

MM M. Kempf et Iwan Imbert, délégués du Syndicat de la Filature ;

M. Segard, délégué du Comité de la Laine ;

MM. A. Gouin et M. Vignat, désignés par l'Union des Huiles ;

M. M. Piettre, Docteur ès sciences chargé de mission au Brésil et en Argentine ;

M. Schereschewsky, Ingénieur au Corps des Mines, chargé de Mission par la Présidence du Conseil, a entrepris, avec le concours du Gouvernement Général de l'A. O. F., de la Compagnie des Chargeurs Réunis et de la Compagnie de Culture Cotonnière du Niger, un voyage d'études en A. O. F., en vue de se rendre compte de la situation économique de la colonie et des possibilités de développement qu'elle présente, et d'étudier en particulier ses principaux éléments de production de matières premières susceptibles d'intéresser l'industrie de la Métropole

Débarquée à Dakar, le 9 Décembre, la mission a parcouru le Sénégal, le Soudan, notamment la vallée du Niger, de Kayes à Tombouctou, la Haute-Volta. Deux des membres de la mission, MM. Schereschewsky et Vignat, au lieu de revenir en France par le Sénégal, se sont dirigés sur la Côte d'Ivoire qu'ils ont également visitée et deux autres membres, MM. Kempf et Piettre, sont revenus par la Guinée où ils ont séjourné une quinzaine de jours.

Ce présent rapport a pour objet, non pas d'entreprendre un exposé détaillé de la situation économique de l'A. O F., mais de relater simplement des impressions recueillies au cours d'un voyage trop rapide, d'ailleurs, pour autoriser un développement approfondi des diverses questions abordées ci-après.

Nous avons regretté que M. Segard, indisposé en cours de route, n'ait pu accomplir la totalité du trajet.

GÉNÉRALITÉS

L'impression dominante qui frappe tout visiteur arrivant à la colonie est la grande activité qui règne dans tous les domaines et la prospérité générale qui en est la conséquence.

La hausse des produits coloniaux due, en grande partie, à la dévalorisation du franc, a vivement stimulé la production. L'abondance des disponibilités a encouragé la spéculation. Il en résulte un mouvement intense d'échanges et une hausse sans cesse croissante des salaires et des prix.

Transport à traction animale.

Cliché Iwan Imbert.

Une vue de Tombouctou.

Cliché Iwan Imbert.

Canaux à Diré.

Pressage du coton.

Cliché Iwan Imbert.

Une Usine de pompage.

Cliché Iwan Imbert.

Champ de coton.

MOYENS DE COMMUNICATIONS — PORTS — T. S. F.

Le trajet France-Dakar est assuré mensuellement par 12 à 15 paquebots faisant le trajet en huit jours environ. Le service du courrier est accéléré par l'avion postal hebdomadaire permettant de gagner trois jours. En outre, la Compagnie des Chargeurs Réunis très utilement dirigée, a créé des connaissements directs entre la France et les diverses stations sur le chemin de fer et le Niger.

CHEMINS DE FER. — Les lignes que nous avons eu l'occasion de voir sont :

a) **Le Dakar-Saint-Louis,** appartenant à une Société privée jouissant à l'origine d'une garantie d'intérêt, affaire ancienne fonctionnant régulièrement avec néanmoins un matériel un peu démodé.

b) **Le Thiès-Kayes.** — C'est l'artère principale qui doit assurer les débouchés du Soudan. Voie unique de 1 mètre d'écartement avec pente maximum de 7 millimètres, des courbes de 500 mètres de rayon. Elle traverse, malheureusement, sur 500 kilomètres, un pays dépourvu d'eau de surface.

L'amélioration de la ligne est poursuivie activement par la création de voies de garage et la substitution d'un matériel de traction plus approprié (locotracteur) qui permettra sans doute d'atteindre les résultats recherchés par le Gouvernement Général. Ce dernier s'intéresse vivement à la question et il faut espérer que le succès couronnera ses efforts.

c) **Le Kayes-Koulikoro.** — Ligne de 555 kilomètres établie en 1880 avec des pentes de 28 millimètres et des courbes de 150 mètres de rayon dans un pays accidenté. Elle peut, dans l'état actuel, difficilement suffire aux besoins.

Pour assurer l'évacuation convenable des marchandises produites par la riche vallée du Niger, elle nécessiterait des travaux d'amélioration d'un ordre de grandeur de 100 millions de francs.

d) **Le Konakry-Kouroussa.** — Nous mentionnons cette ligne parce qu'elle permet éventuellement d'assurer l'évacuation des produits du Soudan, mais elle nécessite, depuis Segou, quatre ruptures de charge. Elle est à voie unique, le matériel est ancien, les locomotives marchent au bois. Il n'est donc guère possible de compter sur elle, d'autant que le port de Konakry est doté d'installations insuffisantes.

PORTS

Le commerce de l'A. O. F. se concentre aux trois ports de Dakar, Rufisque, Kaolack.

Le port de **Dakar,** très important, bien aménagé et bien situé, est un nœud de communications internationales. Devenu insuffisant étant donnée l'importance du trafic, le Gouvernement a établi un programme d'amélioration de 100 millions de francs. Une première tranche de 20 millions de travaux sera mise en adjudication cette année.

Rufisque. — Ce port se trouve dans l'état dans lequel il était il y a 30 ans. Il exporte annuellement 80.000 tonnes d'arachides.

Kaolack est un port en rivière (Saloum) qui prend de plus en plus d'importance. Des travaux d'amélioration sont prévus. Le tonnage du trafic est de 80.000 à 100.000 tonnes par an.

Il y aurait peut-être intérêt à chercher sur la Gambie une quatrième porte qui permettrait d'économiser aux denrées du Soudan 400 kilomètres de voies ferrées et l'embouteillage inévitable qui se produit à l'extrémité d'une ligne de 1.250 kilomètres.

A **Koulikoro,** sur le Niger, le point d'aboutissement de la ligne devrait être doté d'un port fluvial bien organisé permettant de recevoir et d'emmagasiner les produits drainés sur 1.250 kilomètres de voies navigables par trois Compagnies de navigation qui suffisent à peine aux besoins du commerce.

Champ de coton à Diré.

Labour mecanique.

SUR LE SÉNÉGAL. — En dehors du chemin de fer Niger-Dakar, le Sénégal est une voie de pénétration importante qui permet, pendant trois mois, d'éviter 750 kilomètres de voies ferrées. Elle mérite d'être entretenue, sinon améliorée. L'exploitation est actuellement assurée par les Messageries Africaines et la Société du Haut Ogooué Certains bateaux vont directement de Bordeaux à Kayes, ce qui présente un gros avantage.

SUR LE NIGER. — Trois Compagnies de navigation assurent le service : La Navigation du Gouvernement, la Société de Bamako et les Messageries Africaines. En raison de l'importance du trafic, elles suffisent à peine aux besoins et auront vraisemblablement à se développer dans l'avenir. Le combustible employé est le bois, qui doit être ménagé.

Pour un pays aussi étendu que l'A. O. F., le bon fonctionnement des voies de communication est une question vitale. Le Gouvernement a d'ailleurs compris l'importance de ce problème et a construit partout des routes praticables en saison sèche pour les automobiles, qui permettent d'amener aux fleuves ou aux voies ferrées les produits drainés sur des centaines de kilomètres à l'intérieur.

Les voies ferrées n'ont malheureusement pu se développer dans la mesure de l'accroissement du trafic. Cette importante question n'a pas échappé à l'attention vigilante du Gouvernement et les diverses Sociétés intéressées au développement de l'A. O. F. doivent se préoccuper de seconder ses efforts.

AGRICULTURE

Une des principales cultures de l'A. O. F. est l'arachide. On y cultive également le palmier à huile, le coton, le sisal, le cacao, le café et le riz. Mais ces derniers produits sont spécialement des richesses des colonies du Sud.

Le Sénégal et le Soudan se réservent l'arachide, le karité, la gomme, le coton.

L'arachide. — C'est une culture familiale, facile, faite par les indigènes. Le Gouvernement cherche à améliorer cette culture par la sélection des graines, des moyens culturaux plus appropriés, mais il a à vaincre les habitudes des indigènes. Les surfaces cultivées en arachides s'étendent chaque année et le tonnage exporté s'accroît dans d'importantes proportions. Grâce aux voies ferrées, le produit se trouve drainé dans des zones de plus en plus larges.

A partir du moment où la distance à parcourir en chemin de fer est suffisante, il semblerait qu'il soit intéressant de transporter les arachides décortiquées, comme en Nigéria. On gagnerait ainsi 25 °/₀ en poids et en volume : cela serait très avantageux, surtout sur un chemin de fer encombré.

Autour des anciennes firmes de Bordeaux et de Marseille qui datent de Faidherbe, d'autres maisons s'installent. Les Syriens arrivent chaque année plus nombreux et il est facile à prévoir que le tonnage annuel exporté atteindra bientôt un montant de 500.000 tonnes.

Autres cultures : sisal, coton, etc. — Des tentatives de cultures industrielles ont été entreprises en A. O. F. avec succès. D'abord l'Administration (services de l'agriculture) s'est efforcée d'éduquer l'indigène et de l'amener à perfectionner ses méthodes.

Service des textiles. — La mission a visité la ferme expérimentale de Niénébalé, les champs d'expériences de Senenkoura et de Diafarabé, la ferme école de Barouéli. Un grand effort en ce sens a été fait, mais il ne semble pas que les résultats obtenus soient absolument concluants.

Diakandapé. — Des Sociétés privées ont réussi à créer des exploitations importantes. La Société de culture de Diakandapé a créé, aux environs de Kayes, trois exploitations de sisal, comprenant 2.700.000 pieds en exploitation et 2.700.000 en attente. Elle a installé une centrale de 450 chevaux actionnant 3 usines de défibrage. En 1925, 600 tonnes de produit ont été fournies, à £ 45 la tonne, qui représentent un total de £ 27.000.

Cliché Iwan Imbert.

Arrêt du train dans la Brousse.

Cliché Iwan Imbert.

Immeuble de la Société de Bamako.

Une pompe pour irrigation.

Paysage.

Cliché Iwan Imbert.

Sur le Niger.

A Diakandapé, dans les terrains neufs, il est semé en même temps des arachides et du coton indigène. Ce dernier donne peu la première année, mais maintenu sur pied l'année suivante, redonne une bonne récolte qui vient diminuer dans des proportions intéressantes les frais d'exploitation.

La mission a été particulièrement impressionnée par l'excellent état des exploitations de sisal et la bonne marche des services industriels. Il serait à souhaiter que cette tentative si intéressante soit renouvelée dans le pays par d'autres Sociétés.

Delage, Léger, Colombau. — Aux environs de Kayes, plusieurs plantations de coton avec usine d'égrenage ont retenu l'attention des membres de la mission. Leur importance n'est pas considérable.

LE COTON — CULTURE SÈCHE ET CULTURE IRRIGUÉE

Culture sèche. — Le coton pousse naturellement presque partout au Soudan et au Sénégal. Le coton indigène à courte fibre est en majeure partie consommé sur place. Le noir cultive sur place le coton en même temps que l'arachide ; il est semé aux mêmes endroits. Il obtient la première année un rendement d'environ 100 kilos bruts à l'hectare et la seconde année, sans soins culturaux supplémentaires, il retire une nouvelle récolte de 500 à 600 kilos de coton brut ce qui, pour lui, est assez avantageux.

Malheureusement, il cultive sans soins, le coton est presque toujours taché et sa valeur marchande s'en ressent. De grands efforts sont actuellement faits pour développer cette culture, recommandations aux indigènes, distribution de graines sélectionnées, installations de petites usines d'égrenage. Dans certaines régions peuplées : Côte d'Ivoire, Dahomey, les résultats sont très favorables. Malgré la faible production à l'hectare, qui atteint, dit-on, en moyenne 300 kilos à l'hectare au Sénégal et 600 en Côte d'Ivoire, l'indigène est encouragé à obtenir ce produit par les prix élevés de celui-ci.

L'on paie pour le moment à l'indigène 1 franc à 1 fr. 50 le kilo brut, mais le rendement en fibre ne dépasse guère 20 à 25 °/₀ ; la qualité médiocre du produit et ce faible rendement sont un obstacle réel au développement de cette culture qui, si le prix du coton fléchit, deviendra presque impossible. Il est permis d'espérer pourtant que des distributions de graines sélectionnées permettront d'améliorer la qualité du coton et l'on ne saurait trop encourager les organismes officiels à persévérer dans cette voie. Des résultats intéressants doivent être obtenus, c'est, en particulier, l'avis de M. Kempf. Il estime qu'il y aurait intérêt à faire sur une grande échelle une étude de la question du coton non irrigué et d'en développer la culture d'une façon plus rationnelle et plus conforme aux capacités des indigènes comme au désir des filateurs français au point de vue de la qualité.

Culture irriguée. — Un effort magnifique a été fait par la Compagnie de Culture Cotonnière du Niger que nous appellerons *Ciconnic*. Son exploitation est divisée en deux régions, le Sud avec les domaines de Dioro, Sama, Senenkou; au Nord, avec Diré. L'ensemble comporte une mise en valeur actuelle de 4.500 hectares. Elle emploie 5.000 ouvriers et une cinquantaine d'Européens : Ingénieurs agricoles, médecins, mécaniciens, géomètres, etc...

La première station créée en ordre de date a été Diré. Il y a là 3.000 hectares presque entièrement terminés. Évidemment, le défaut d'expérience a nui à l'harmonie de l'installation et il en est résulté des imperfections qui ont été évitées dans les centres du Sud.

Le canal principal s'enfonce trop dans les terres, il traverse des régions inutilisables et les pertes d'eaux par évaporation ou infiltration sont inévitables. Peu à peu, d'ailleurs, on rectifie les plans des surfaces traversées et on atténue les erreurs du début.

Néanmoins, quand on a parcouru des centaines de kilomètres de brousse inculte et qu'on arrive à Diré, l'on est frappé de la grandeur de l'œuvre accomplie : champs vastes et bien entretenus, habitations confortables, ateliers importants, etc...

Lors du passage de la mission, les cotonniers étaient en pleine floraison. Il y avait des Sakellaridis

Champ d'arachides.

Labour à bœufs.

et diverses variétés américaines. Le Sakel a particulièrement attiré notre attention. C'est l'espèce acclimatée que la C. C. C. N. appelle « Sakel Diré » fibre de 42 m/m, belle couleur, belle résistance et l'on suppose que le rendement atteindra cette année 300 kilos fibre net à l'hectare. Nous estimons que le problème est donc résolu pour cette sorte.

La Compagnie a cultivé 800 hectares cette année en Sakel et 200 hectares en variétés américaines et égyptiennes : Acala, Weber, Durango, Zagora, etc...

La Compagnie déclare que ces essais étaient indispensables : 1° pour rassurer l'opinion des filateurs sur les possibilités de trouver la matière première la plus employée, puis pour rechercher quelle différence de revenu total on peut espérer en tenant compte du rendement et des frais de culture de chaque espèce. Ce coton est également jusqu'à présent très bien venu.

Nous avons admiré le petit hôpital, l'usine d'égrenage, les ateliers de réparations, le matériel de culture, les installations des Européens, jardin potager, les installations de pompes, etc...

Nous souhaitons que la Compagnie se développant, son programme passe le plus rapidement possible de 3 à 5.000, 10.000 et même 30.000 hectares, par la création de 1, 2, 5, 10 centres.

Les domaines de Sama, Dioro, Senenkou, présentent un ensemble plus homogène. Il y a de la verdure qui manque à Diré. Actuellement 1 500 hectares sont, au total, en culture sur les trois centres. Là, les concessions sont quadrangulaires (6 kilomètres sur 5 kilomètres) en prévision de leur développement qui permettra d'atteindre 3.000 hectares, pour chaque centre.

Les concessions ont été malheureusement cette année inondées par une crue exceptionnelle, aussi serait-il prématuré de porter un jugement sur leur compte.

Les cotons subsistants étaient beaux et permettent tout espoir.

Les installations générales nous ont beaucoup intéressés.

En dehors du coton, la Compagnie fait, sur tous les centres, des cultures d'assolement et vivrières : arachides, maïs, riz, qui réussissent parfaitement. C'est un appoint financier sérieux et des ressources d'alimentation sur place indispensables.

En culture irriguée, le rendement s'est élevé à plus de deux tonnes d'arachides à l'hectare au lieu de 700 kilos en culture indigène, et la Société s'efforce de trouver des graines supérieures pour l'avenir.

La Compagnie a fait également un gros effort d'élevage.

L'Administration a, depuis plusieurs années, entrepris des études très importantes en vue de l'irrigation par gravitation de la vallée moyenne du Niger ; un programme d'ensemble a été adopté et les travaux de réalisation pour lesquels les crédits nécessaires sont prévus au budget sont déjà commencés. Maheureusement, nous n'avons pas eu la possibilité de nous faire une opinion justifiée sur les résultats probables de ces travaux, de même que nous n'avons pu visiter les champs d'essais du service des textiles, dont est chargé M. Forbes, ces champs étant atteints par la crue lors de notre passage.

PÊCHE

La pêche dans le Niger, bien organisée, avec de grands filets, est un appoint presque gratuit, facile et très utile pour la nourriture des travailleurs.

ÉLEVAGE

L'élevage doit devenir une source de richesse au Soudan. Il y existe déjà un important cheptel indigène appartenant à des noirs. On peut citer deux chefs Touaregs, Cheboun et Ataher qui, dit-on, ont 50 à 100.000 bœufs. Les moutons de Macina sont bien connus. Trois essais sont en cours : celui de la Chambre de Commerce de Tourcoing avec trois stations, Tourcoing-Bam et Richard Toll, qui a

Début d'un canal d'irrigation.

Cliché Iwan Imbert.

Le « Mage ».

Vue du centre de Diré.

Cliché Iwan Imbert.

Bords du Niger.

Cliché Iwan Imbert.

Sur le Niger.

fait venir environ 500 brebis et béliers du Cap, celui du Gouvernement à El Oualadji, celui de la *Ciconnic* à Diré et à Sama.

La Chambre de Commerce semble avoir eu quelques mécomptes, elle continue avec confiance ses travaux.

Nous avons vu El Oualadji où un gros effort a réussi. On a utilisé quelques béliers du Cap, des brebis du pays avec succès, mais la question de nourriture d'un grand troupeau reste le principal problème.

La Compagnie de Culture Cotonnière du Niger possède, à Sama, 50 bœufs et quelques moutons. Ses efforts ne commencent qu'à peine, mais, à Diré, ils ont été plus sérieux. Il y a là 500 bœufs, dont moitié bœufs de traction pour les charrues, 1.000 moutons et 500 chèvres. Les bœufs proviennent tous du Soudan, mais pourraient sans doute être améliorés par des croisements avec des espèces françaises (géniteurs du Charollais).

Les moutons proviennent :

1° De brebis et béliers de Sétif ;

2° De brebis algériennes croisées avec des béliers du Cap (la Compagnie en a fait venir 15) ;

3° De béliers du Cap et brebis du pays. Les résultats ont été excellents, pas de mortalité et de beaux produits.

Les chèvres donnent de bonne viande et les peaux valent cher. La *Ciconnic* a fait venir du Cap des boucs Angora pour faire des croisements d'amélioration.

La Société espère, par son troupeau, trouver de la viande de boucherie pour ses travailleurs, de l'engrais et de la laine. Elle a cherché pour augmenter rapidement le nombre de ses animaux à acheter sur place des brebis, mais le noir est très défiant et se débarrasse avec peine. Peut-être l'Administration pourrait-elle utilement et dans l'intérêt général les amener à être moins irréductibles.

Ce qui favorisera la *Cicconnic* en cette voie, c'est que par ses cultures, et en particulier, l'arachide, elle prépare pour la saison sèche la nourriture de ses bêtes.

L'avenir dans cette voie nous paraît considérable et les débuts donnent toute confiance.

COMBUSTIBLES

Le charbon coûte à Dakar 42 schillings la tonne, soit avec le schilling à 6 francs, 252 francs, et 450 francs, à Bamako. Le Gaz Oil pris à Marseille 600 francs la tonne revient à 1.200 francs à Bamako. Le prix de l'essence croît avec la distance de la côte.

L'huile d'arachide, l'huile de palme, le karité, ne peuvent être envisagés comme combustibles en raison du prix actuellement pratiqué sur place pour ces produits. Il reste comme combustibles économiques produits sur place : le bois, la cellulose, les graines de coton.

Il ne faut pas compter indéfiniment sur le bois qu'il faudra aller chercher de plus en plus loin. Sans doute, il est possible de développer les cultures fournissant en abondance la cellulose qui deviendra de plus en plus le combustible économique. Mais il faut pour cela des foyers appropriés. C'est d'ailleurs une méthode qui a fait ses preuves à la Martinique (canne à sucre) et au Brésil. Les graines de coton, dès que les cultures se développent, apportent un appoint important. Actuellement, c'est la graine de coton entière qui sert de combustible : mais on commence (à Diré notamment) à monter du matériel pour en extraire l'huile.

Il semble que sur les installations industrielles il y aura toujours possibilité de trouver ou de créer le combustible approprié nécessaire aux installations de force motrice de l'ordre de 400 chevaux par centre.

Cliché Iwan Imbert.

Bergerie d'Oualadji.

Groupes de Labourage à Dire.

Stocks d'approvisionnements.

Cliché Iwan Imbert.

La Mission en Afrique.

Cliché Iwan Imbert.

Troupeau de moutons.

Dans la région de Kayes, qui se dessine comme centre de cultures industrielles, la question pourra facilement être résolue en utilisant les forces hydrauliques du Sénégal. (Félou Gouina.)

COMMERCE ET INDUSTRIE

Les maisons de commerce de Bordeaux et de Marseille installées dès le début de la conquête ont su organiser toute une série d'opérations parfaitement adaptées au pays et aux mœurs des indigènes. D'abord entre les mains des particuliers, elles tendent de plus en plus à se constituer en Sociétés anonymes. Il ne faut pas perdre de vue qu'en 1924, les 400.000 tonnes d'arachides exportées représenten un mouvement d'affaires en A. O. F. de plus de 500 millions versés aux indigènes qui, en grande partie, ont échangé cet argent contre des produits manufacturés, ce qui au total donne pour un seul produit 1 milliard d'affaires.

Les grosses maisons d'affaires ont des comptoirs dans tout l'A. O. F. avec dans chaque colonie un agent général ne dépendant que du siège social. Presque tous ces agents généraux sont des hommes d'affaires remarquables, gros travailleurs, qui ont su s'entourer d'un personnel d'élite.

Les membres de la mission reçus au cours de leur voyage dans différentes maisons de commerce ont été frappés du travail fourni, de l'impulsion donnée. Il y a en A. O. F. une élite de travailleurs intelligents et modestes qui sont pour le pays un élément considérable de succès. Il n'y a, croyons-nous, rien à faire de mieux que ce qui existe actuellement.

Alors que le commerce est très prospère, que les maisons de commerce se développent et qu'il en surgit chaque jour de nouvelles, l'industrie est pour ainsi dire inexistante.

Une Compagnie d'électricité à Dakar, une usine à glace, une briqueterie silico-calcaire, quelques huileries, sont les seules affaires industrielles du Sénégal.

Au Soudan, à part les installations de Diakandapé et une briqueterie à Bamako, toutes les installations industrielles dépendent des travaux publics.

Sur le Niger, la *Ciconnic*, il est vrai, a créé sur chacun de ses centres des services industriels importants : usines de pompage, ateliers de réparation, usines d'égrenage, huilerie. Elle compte encore mieux faire dans l'avenir.

MAIN-D'ŒUVRE

La main-d'œuvre est assurée bien entendu exclusivement par des noirs de races et de régions très variées. Elle est donc de valeur inégale. Elle se fait par des contrats volontaires de deux ans sous les auspices de l'Administration qui exige : la nourriture, 600 grammes de riz, 200 grammes de viande ou de poisson, 100 grammes de karité, sel, etc., et, en outre, un salaire fixe payable mensuellement et un pécule remis à l'Administration qui le conserve jusqu'à la fin de l'engagement. Les femmes et les enfants n'accompagnent pas le travailleur qui s'éloigne de chez lui à des distances de 200 à 300 kilomètres. Ceci est tout naturel quand il s'agit de travaux publics qui motivent des déplacements fréquents, mais si l'on veut fixer l'indigène dans les lieux imposés par l'irrigation, il faut qu'il vienne avec sa famille, qu'il s'y installe, qu'il s'intéresse à son travail en sachant qu'il bénéficiera l'année suivante de ses efforts. La *Ciconnic* a fait un projet de métayage très intéressant qui a été soumis aux autorités. Il ne pourra être efficace qu'après la création du Crédit agricole qui dépend lui-même du renouvellement du privilège de la Banque de l'Afrique Occidentale.

Le noir préfère l'agriculture aux travaux publics. La *Ciconnic* emploie 5.000 hommes et nous n'avons entendu que des louanges sur la façon dont elle s'en occupait : médecins, pharmacie, nourriture très abondante, etc. Les médecins, naturellement, soignent aussi gratuitement les indigènes qui ne sont pas attachés à la Société Chaque mois, 3.000 consultations sont données avec les remèdes nécessaires. Elle a réussi à conjurer chez elle l'épidémie de fièvre récurrente qui, il y a deux ans, a fait des ravages terribles dans d'autres localités. Les travailleurs augmentent largement de poids dans les deux premiers mois de leur arrivée.

Ces longs trajets pour rejoindre leur poste sont nécessaires vu le petit nombre d'hommes disponibles au Soudan où la densité est faible, mais la Haute-Volta qui en est proche, 300 kilomètres, est extrêmement peuplée et constitue un immense réservoir qui alimente depuis longtemps la Gold Coast (800 kilomètres) et lui a permis de créer ce domaine de cacao d'une richesse incalculable. On dit que 200.000 hommes y vont et en reviennent chaque année et que 200.000 hommes y sont maintenant fixés.

La *Ciconnic* s'intéresse vivement à un essai de colonisation des Mossis qui assurerait la fortune du Soudan. Elle estime qu'un domaine de 3.000 hectares tel que Diré comporte au plus 3.000 travailleurs et peut-être moins si peu à peu on utilise les femmes et les enfants.

Au cours actuel, on nous a dit que la Compagnie de Culture Cotonnière du Niger ferait sortir du sol, à Diré seul, cette année, près de 7 millions de produits avec 2.500 hommes. 50 domaines comme Diré donneraient 350 millions de produits avec 125.000 hommes, ce qui transformerait le sort de toute l'A. O. F.

Est-ce possible ? Nous le croyons.

HYGIÈNE ET SANTÉ PUBLIQUE — INSTRUCTION

Le Gouvernement général se trouve en présence de difficultés énormes et a fait des efforts considérables. Écoles indigènes de médecine, écoles de sages-femmes, dispensaires, etc., mais il est limité par les questions budgétaires et en dehors des villes qui comptent plusieurs médecins, les campagnes et la brousse sont d'un accès encore bien difficile au progrès.

C'est la question dominante en A. O. F. D'elle dépendent la production et la consommation, c'est-à-dire tout. La natalité est suffisante, il faut diminuer la mortalité et ceci n'est plus qu'une affaire (peut-être insurmontable) d'organisation et d'argent.

L'instruction se développe. Au point de vue professionnel, on a su créer des ouvriers habiles pour presque tous les métiers. Le noir s'adapte très bien et il fait une bonne éducation à Dakar, à Bamako, etc... Cet effort mérite toutes les félicitations.

CONCLUSIONS

Toute la question production est dominée par la question évacuation et main-d'œuvre.

En effet, la fertilité du Soudan et le succès de la culture du coton ne fait plus de doute quand on voit les résultats obtenus à Diré, mais comment évacuer les produits qui, pour 3.000 hectares, peuvent être évalués à 300 tonnes de coton, 600 tonnes de graines de coton et 2.000 tonnes d'arachides, soit une tonne à l'hectare? Si l'on fait 100.000 hectares, il faut sortir 100.000 tonnes.

Le Thiès-Kayes et surtout le Kayes-Niger sont actuellement dans l'impossibilité de prendre ce supplément de trafic. Pour y parvenir, il faudrait des investissements nouveaux de capitaux de l'ordre de grandeur de 100 à 150 millions de francs et prévoir une durée de travaux allant de trois ans à sept, huit, dix ans, suivant la façon dont ils seront conduits. On trouvera un concours efficace dans l'achèvement de la ligne de la Côte d'Ivoire en prévoyant l'aménagement du port d'Abidjan. La sortie par la Gambie serait très efficace et nécessiterait peu de dépenses, mais est soumise maintenant au consentement de l'Angleterre.

En tout cas, il faut ou ne rien faire au Soudan, ou faire ces travaux, et ceci avec une cadence en harmonie avec le développement des cultures.

Cliché Iwan Imbert.

Bœufs.

Cliché Iwan Imbert.

Coton à Seneukou.

Un bœuf zébu.

Une locomobile avec remorque.

Cliché Iwan Imbert.

Centre de Lama.

Quant aux cultures, évidemment celles qui sont à rechercher sont les cultures riches avec assolements vivriers. C'est le coton, et Diré montre qu'on peut le cultiver avec des résultats magnifiques au point de vue qualité et rendement. Nous avons vu là une exploitation de 3.000 hectares qui nous a paru bien outillée, bien conduite.

La Société trouve qu'il vaut mieux ne pas localiser la main-d'œuvre sur une plantation unique. Elle rencontre ainsi de plus grandes facilités de recrutement, circonscrit les épidémies possibles, assure dans de meilleures conditions la nourriture des indigènes, enfin est en mesure de faire varier les especes de coton suivant les différentes natures du sol. Elle déclare créer ainsi des séries de foyers de civilisation avec scolarité, services hospitaliers éduquant l'indigène, et, qu'en outre, le prix de l'établissement de chaque centre est allégé par les produits des récoltes intercalaires jusqu'à son exécution complète. Cette méthode est-elle payante? Jusqu'à présent, nous n'avons pas eu l'occasion d'examiner le côté financier de la question. Nous n'avons eu devant nous que les affirmations optimistes de la Société.

Le système d'irrigation par gravitation est l'objet de nombreux travaux. Les premières études ont été faites par le Syndicat d'Études des Irrigations du Niger. Elles se continuent et actuellement un canal est amorcé à Sotuba.

Nous n'avons pu encore recueillir des données assez précises sur ces projets et leur exécution pour avoir une opinion quelconque. Nous ne pouvons ni les juger favorablement ni les désapprouver. Nous appelons simplement l'attention sur ce fait qu'une localisation ne doit être faite que quand les résultats attendus sont prouvés. En l'espèce, le coton poussera-t-il le long du canal de Sotuba et subsidiairement quelle sera sa qualité, son rendement, son prix de revient?

Quant à la main-d'œuvre, le Soudan est relativement plus avantagé que nombre de colonies plus que les Nouvelles-Hébrides qui sont obligées de faire venir les Annamites, plus que Ceylan qui reçoit des Chinois, et pourra trouver en puisant dans le réservoir d'hommes que constitue la Haute-Volta le complément qui lui fait défaut.

Pour obtenir un résultat appréciable, il serait heureux que l'Administration s'efforce de substituer au recrutement la colonisation : transport des familles et du village en entier, allocation de terres en métayage, facilités pour l'exercice du culte, etc...

Le dernier point que nous tenons à signaler, mais qui, à notre avis, est l'un des plus importants, c'est la nécessité de soigner l'indigène, de lui faire croire à notre art médical, d'avoir des médecins. La natalité en A. O. F. est considérable, en moyenne huit enfants par couple. Malheureusement la mortalité des premiers âges atteint six. La population ne croît pas.

A dessein, nous nous sommes abstenus de toute appréciation et de toute évaluation financière, ce qui pourtant est un sujet important, mais hors de notre rôle.

Nous tenons à exprimer notre gratitude aux différentes personnalités et institutions qui ont pris l'initiative d'organiser cette mission et à les remercier des facilités qui nous ont été accordées au cours de notre voyage.

Nous tenons, en particulier, à témoigner notre reconnaissance à M. le Gouverneur Général de l'A. O. F., à MM. les Gouverneurs du Soudan français, de la Guinée, de la Haute-Volta et de la Côte d'Ivoire, à la Compagnie des Chargeurs Réunis, à la Société de Bamako, à la Compagnie de Culture Cotonnière du Niger et aux diverses Sociétés avec lesquelles nous avons eu l'occasion d'entrer en contact, notamment la Compagnie Française de l'Afrique Occidentale, la Société du Haut-Ogooué, les Établissements Peyrissac, M. Bélime, etc...

Paris, le 5 Mars 1926.

Adolphe GOUIN. Iwan IMBERT. Maurice KEMPF.

Maurice VIGNAT. P. SCHERESCHEWSKY. Maurice PIETTRE.

Jules SEGARD.

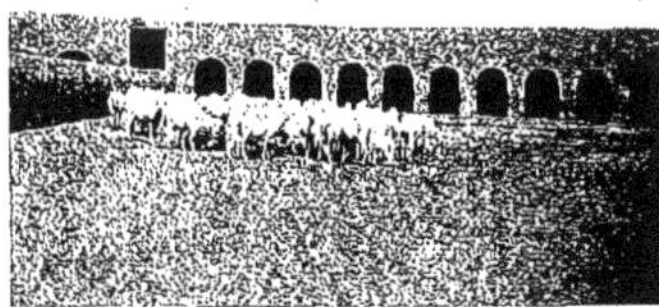
Cliché Iwan Imbert.
Bergerie d'El Oualadji.

Cliché Iwan Imbert.
Labour mécanique.

Coude du canal principal à Diré.

Cliché Iwan Imbert.
Sur le Niger.

Usine d'égrenage.

5166 — **Paris. — Imp. Hemmerlé, Petit et Cie.** (4-1926).

www.ingramcontent.com/pod-product-compliance
Ingram Content Group UK Ltd.
Pitfield, Milton Keynes, MK11 3LW, UK
UKHW022155260726
13993UKWH00005B/2392